PROJET

DE DÉCRET

SUR

LES SUBSISTANCES.

A DIJON,

DE L'IMPRIMERIE DE P. CAUSSE.

1792.

PROJET DE DÉCRET

SUR

LES SUBSISTANCES.

Considérant combien il est important d'assurer à perpétuité la subsistance des citoyens, et de prévenir les troubles que la malveillance et la cupidité pourroient occasionner, en interceptant, par des manœuvres criminelles, une grande partie des grains de diverses contrées de la république, sous le prétexte d'en fournir d'autres, ou d'approvisionner les armées; considérant encore qu'il est également intéressant pour le salut public, que les grains ne tombent à un prix trop bas qui décourageroit le cultivateur, ou ne montent à un prix excessif, que la partie indigente des citoyeus ne pourroit supporter, et que le seul moyen de prévenir les maux qu'occasionne la disette des grains, est de n'en permettre l'exportation, qu'après s'être assuré d'une provision suffisante dans toute l'étendue de l'état, au moins pour une année d'avance; que cette exportation et même le commerce de circulation intérieure (1), ne doivent point être abandonnés à des particuliers, dont les spéculations avides tournent toujours au détriment de la

---

(1) On crie, et bien haut, que le commerce et les commerçans en grains sont nécessaires. Je conçois qu'ils le sont à peu près comme les remedes et les médecins.

Si nous suivons un bon régime, nous sommes rarement malades. La nature nous assujétit sans doute à des accidens, à des infirmités ; mais elle nous instruit elle-même à nous soulager et à les prévenir.

Il y a tel commerçant que l'on pourroit, sans injustice, comparer à tel médecin qui auroit trouvé le funeste secret de faire naître et de multiplier la fievre, pour multiplier le besoin de ses visites.

En effet, tel commerçant enleve une grande quantité de grains d'un état, les en fait sortir, mais à peu de distance, pour mettre cet état dans la nécessité de recourir aux grains de l'étranger, et vend ensuite à cet état, comme venant du dehors, le grain qu'il a tiré du pays même où il le reverse.

chose publique ; que même l'exportation ne doit avoir lieu que dans les cas où les magasins militaires et maritimes seroient surabondamment fournis , et les colonies suffisamment pourvues ; qu'il est avantageux , et d'ailleurs conforme aux principes de l'égalité , que le bled-froment, qui fait la principale nourriture d'un grand nombre de citoyens, soit vendu au même prix (1) dans toute

Défions-nous des médecins qui cherchent à nous donner la fievre , je veux dire, des commerçans qui préparent la famine : recourons au bon régime ; je crois l'indiquer dans ce projet ; il est le fruit de plus de trente ans d'observations sur les événemens dont j'ai été témoin, et de mes réflexions sur les faits relatifs à la cherté des grains , consignés dans l'histoire des trois siecles qui ont précédé le nôtre.

(1) La mesure d'établir un prix uniforme du bled-froment (et même du seigle), dans toute l'étendue de la république , est non-seulement possible , mais encore elle est également juste, soit en politique, soit en morale. Tous les hommes sont freres , et spécialement tous les Français républicains doivent agir en freres. L'habitant d'un pays aride a droit de participer aux productions des contrées fertiles ; et si ces productions sont de premiere nécessité , il ne doit pas les payer plus cher que ne l'achetent ses autres freres nés dans ces contrées fertiles.

l'étendue de la république, et à une mesure de poids uniforme dans tous les marchés : Ouï le rapport de ses comités de surveillance, de commerce, d'agriculture et de finance, la Convention nationale décrete :

Article premier.

Il est adjoint au Pouvoir exécutif provisoire, un nouveau ministre qui aura le département des subsistances de la république ; il sera incessamment procédé à sa nomination, à l'organisation de ses bureaux, et au réglement des fonds qui seront mis à sa disposition.

2. Dans chaque ville ou bourg de la république où il y a marché de grains, il sera destiné, par les soins de la municipalité, un lieu commode, pris de préférence dans les bâtimens nationaux, pour servir de magasin public ; de maniere que l'approvisionnement annuel, jugé convenable pour suppléer au défaut d'apport de grains dans le marché, et

eu égard à la population de l'arrondissement de chaque marché, puisse y être
contenu et soigné.

3. Dans chaque municipalité des lieux
où sont des marchés, et seront établis
des magasins publics, il sera formé
un comité particuliérement chargé de
la surveillance du magasin, de la police
des marchés et de l'exécution des loix
sur les ventes et le transport des grains
dans les différentes communes compo-
sant l'arrondissement du marché ; duquel
arrondissement il sera dressé un tableau,
qui sera notifié à toutes les communes
qui y seront comprises.

4. Les municipalités des lieux où seront établis les marchés et magasins,
correspondront à ce sujet directement
avec le ministre des subsistances, et lui
adresseront de quinzaine en quinzaine,
un bordereau de la quantité des grains
entrés au magasin, et des grains qui en
seront sortis pour quelque cause que ce
soit ; le double de ce bordereau sera pa-

reillement adressé par les municipalités,
de quinzaine en quinzaine, aux direc-
toires de districts, qui sont autorisés à
se faire remettre avec exactitude ces
bordereaux, et qui en formeront un
registre particulier, pour servir, au besoin, de renseignement et de contrôle
des bordereaux adressés au minitre des
subsistances.

5. Le lendemain de la réception du
présent décret dans chaque municipalité, il sera, par elle, nommé des commissaires qui feront ou renouvelleront,
sans aucun retard, une visite domici-
liaire chez tous les citoyens, à l'effet de
reconnoître la quantité de bled-froment
qu'ils ont dans leur domicile, magasins
ou greniers; et d'en dresser un état exact,
ainsi que du nombre des individus com-
posant chaque famille. Ces commissaires
enjoindront à tous particuliers qui se
trouveront posséder en bled - froment
plus que la provision d'une année pour
leur famille, de faire conduire au mar-

ché de l'arrondissement, et aux jours qui leur seront indiqués, la quantité de froment qu'ils auront au-delà de cette provision annuelle, arbitrée suffisante à raison de six quintaux par chaque in‑dividu.

6. Tout particulier qui aura conduit des grains au marché, soit de son plein gré, soit en exécution des ordres qu'il en aura reçus des commissaires des municipalités, est invité à les vendre au public, à un prix modéré, jusqu'à l'époque du premier juillet prochain (1793); époque à laquelle, dans quel-que lieu de la république que ce soit, le froment ne pourra être vendu au-delà du prix de douze livres le quintal, poids de marc, à peine de mort, tant contre le vendeur que contre l'acheteur : et dans le cas où, soit avant cette époque du premier juillet prochain, soit après cette même époque, quelques particuliers se trouveroient n'avoir pu vendre dans les marchés leur froment au prix de dix.

*

livres le quintal, ces particuliers seront libres de conduire leur froment, s'ils le jugent à propos, dans un autre marché, ou de le livrer, comme il est expliqué dans l'article suivant, au magasin établi près le marché où il n'aura pu être vendu.

7. Dans chaque magasin, il y aura un ou plusieurs cribles uniformes, et une ou plusieurs balances, aussi uniformes, et construites de maniere que l'un des plats de la balance, quoique chargé du vase ou caisse de forme conique arrondie et tronquée, ayant deux empoignes pour être maniée plus facilément, et capable de contenir à l'aise un quintal de froment, se trouve en équilibre avec l'autre plat, quoique non chargé d'un poids pesant un quintal. Le froment amené au magasin, sera criblé au crible du magasin, en présence du vendeur, qui remportera ses criblures; le grain criblé sera aussi pesé devant lui, quintal par quintal, et lui

sera sur le champ payé à raison de dix livres le quintal, pour ensuite être versé au dépôt.

8. Les grains ainsi reçus et déposés au magasin, à raison de dix livres le quintal, seront premiérement destinés à fournir le marché du lieu, dans le cas où la quantité de froment amené à chaque marché ne seroit pas estimée suffisante pour subvenir aux besoins des acheteurs; et ils y seront vendus à raison de onze livres le quintal, et jamais au dessus.

9. Lorsque, dans un magasin, se trouvera déposée une quantité de froment, estimée plus que suffisante pour subvenir à la consommation pendant une année de tout l'arrondissement du magasin, le surplus de cet approvision-nement, sera, sur les ordres du minis-tre des subsistances, transféré, aux frais de la nation (1), dans d'autres

---

(1) Laisser la subsistance d'un grand peuple dépen-dre du plus ou moins d'activité, et des spéculations des

magasins qui ne se trouveroient pas suffisamment approvisionnés, pour ces grains être tirés de chaque magasin à l'effet de subvenir à l'insuffisance des apports dans chaque marché, et être livrés dans ces mêmes marchés au prix de onze livres le quintal, et jamais au dessus.

10. Dans le cas où tous les magasins établis proche les marchés de la république, se trouveroient garnis de grains qui y auront été ainsi déposés, au point

---

commerçans, c'est, à mon sens, le comble de l'erreur, et l'erreur dans cette partie peut être aussi funeste que la trahison ; c'est fournir aux puissances étrangeres, à nos ennemis du dedans et du déhors le plus puissant des leviers, un levier capable d'ébranler les fondemens de la répu-blique : ils s'en sont servis, et s'en servent encore !

Il peut exister, et il existe dans Lyon, dans Bordeaux, dans Marseille, dans Paris, des capitalistes genevois, suisses, anglais, hollandais, allemands, espagnols : cinq ou six maisons de commerce, opulentes et malveillantes, pourroient seules, si elles le vouloient, appeller la famine dans le royaume : que sera-ce donc, si, dans leurs mains perfides, l'or de nos ennemis vient à circuler ? que dis-je, l'or ? ils contrefont nos assignats, et c'est souvent un papier

d'être assuré que la totalité de la nation seroit approvisionnée de grains pour une année entiere, l'excédent de cet approvisionnement d'une année pour toute la nation, sera pour-lors à la disposition du ministre des subsistances, pour être transféré dans les magasins militaires et maritimes, s'il en est besoin; ou transporté dans les colonies de la république, si ce transport est jugé nécessaire; ou enfin exporté et vendu à l'étranger, au profit de la nation, le plus avantageusement possible.

---

faux et sans valeur, qui est donné à nos laboureurs pour enharrer leurs grains, avant même qu'ils ne soient sortis de la gerbe. Roland ! Roland ! j'aime à croire à ta vertu, et ce seroit à regret que je cesserois d'y croire : mais que veux-tu que je pense, quand je te vois soutenir un système désorganisateur ? Et vous, Législateurs, votre dernier décret du 8 de ce mois, sur les subsistances, vous a sans doute été surpris; vous avez révoqué la loi du 16 septembre dernier; vous abrogerez de même cette loi nouvelle. Hâtez-vous, il en est temps, prévenez des maux incalculables. Méditez ce projet, rectifiez-en la forme, l'ordre, le style ; mais suivez-en les bases, et vous sauverez la patrie, plus en danger par l'or corrupteur, que par le fer de nos ennemis.

11. A compter du jour de la publication du présent decret dans les villes et bourgs où il y a marché, défense est faite à tout particulier d'acheter ou vendre du froment ailleurs qu'aux marchés, à peine de confiscation des grains ; et dans les lieux où il n'y a point de marché, défense est pareillement faite à tout particulier d'en acheter pour en faire magasin, au-dela de la consommation annuelle de sa famille, et de ses ouvriers ou domestiques, dans la proportion fixée par l'article 5 du présent decret, de six quintaux par chaque individu, et ce sous la même peine de confiscation.

12. Toutes les dispositions ci-dessus ne sont applicables qu'au bled-froment (1)

____

(1) Je me déciderois volontiers à rendre ces dispositions communes à la seconde espèce de grains, au seigle, et à fixer également un prix uniforme pour ce dernier. En ordonnant des dépôts de seigles dans les magasins, il y auroit l'inconvénient de multiplier les cribles qui sont différens pour le froment que pout le seigle ; mais si, dans sa sagesse, la Conven-

le commerce de tout autre grain sera libre dans l'intérieur des terres de la ré- publique , jusqu'à ce qu'il en soit autrement ordonné.

13. Pour payer dans chaque magasin les grains - fromens qui y seront livrés à raison de dix livres le quintal, chaque municipalité chargée de la surveillance d'un magasin, est autorisée à émettre des billets de subsistance de dix livres chacun , suivant le modele ci-après : ces billets seront revêtus d'un timbre sec, que les municipalités pourront adopter et changer à leur gré , et des si- gnatures réelles et non *par griffe* , de

tion adoptoit cette mesure, assez convenable à certains égards , je pense que le seigle , soit pur , soit mé- langé de froment , après avoir subi l'opération du cri- ble , devroit être reçu au magasin , à raison de 8 liv. le quintal , pour , dans le besoin, être livré au mar- ché à raison de 9 livres , et jamais au dessus ; et après l'époque du 1er. juillet prochain 1793 , il seroit défendu dans toute l'étendue de la république , de le vendre plus haut de 10 livres le quintal, sous la même peine que celle portée contre ceux qui , après la même époque , vendroient le froment plus haut de 12 liv.

deux commissaires de service au magasin, qui n'apposeront leurs signatures
à ces billets qu'en présence des ven-
deurs, à qui ils les remettront en paiement (1).

Dix livres, prix d'un quintal de fro-
ment, livré au magasin de . . . . le . . . .
par . . . de . . . n°. . . . du registre (2).

(1) On va dire, sans doute, pourquoi introduire de
nouveaux papiers dans la circulation ? Je réponds : que
celui-ci peut s'émettre sans aucun inconvénient. 1°. Le
gage en est déposé dans un magasin, et sous les yeux
du public. 2°. Ce gage, qui est le grain reçu, ne peut
sortir du magasin, que sa valeur numéraire n'entre dans
la caisse du magasin, qui peut pour-lors retirer son
papier. 3°. Ces billets de subsistance ne seront émis
qu'à mesure que le magasin se remplira ; et dans peu
de temps nous avons lieu d'espérer que l'on sera dis-
pensé d'y avoir recours. L'état de nos finances s'amé-
liorera sans doute ; et le temps est prochain, où l'on
pourra mettre à la disposition du ministre des subsistances, des fonds suffisans pour satisfaire au paiement des grains déposés dans les magasins. Ce sera
pour-lors un fonds provisoire, mais constant, destiné
d'avance à l'approvisionnement des magasins militaires
et maritimes : l'on ne peut se dispenser de faire ce fonds
d'une manière ou d'une autre, et celle-ci est préférable.

(2) On conçoit facilement, que si la mesure d'em-
magasiner des seigles étoit adoptée, il faudroit faire

14. Il sera fait mention sur le registre où seront portées les quantités livrées chaque jour par les particuliers au magasin, que chaque vendeur en a reçu le prix en billets de subsistance , de dix livres depuis et compris tel n°. jusqu'à tel autre inclusivement, ainsi que du nom des commissaires qui auront signé ces billets.

15. La quantité des billets a émettre par les municipalités , sera fixée par leur conseil général , qui en surveillera la fabrication, et déterminera le nombre qui en devra être remis de quinzaine en quinzaine, ou de mois en mois, aux commissaires de service au magasin, pour être par eux employé au paiement des grains. Ces commissaires, en tous les temps, en seront déchargés à la vue du registre qui justifiera de leur emploi total, ou en remettant ceux desdits bil-

---

des billets de 8 liv. pour le seigle , dans la même forme que ceux de 10 liv. pour le froment , et il y auroit registre séparé pour l'un et pour l'autre.

lets dont le registre ne prouveroit pas l'emploi ; lequel emploi ne sera fait qu'en suivant avec exactitude l'ordre des numéros.

16. Ces billets de subsistance seront reçus dans toutes les caisses publiques qui se trouveront dans l'étendue du district où sera située la municipalité qui les aura émis, et pourront être donnés en paiement comme les *assignats sur les domaines nationaux :* les receveurs ou tout autre porteur en seront remboursés par les municipalités, soit en assignats, soit en espèce, quand la vente des grains ou leur transport dans d'autres magasins auront été effectués, et au fur et mesure de l'entrée des fonds que procureront ces ventes ou transports; et ces billets seront annullés à mesure de leur rentrée, pour ne plus rentrer en circu-lation.

17. Lorsque le ministre des subsistances ordonnera le transport de l'excé-dant de provision d'un magasin, soit

dans un autre magasin d'approvisionnement, soit dans les magasins maritimes ou militaires, soit pour les colonies
soit pour le commerce d'exportation , il
fera remettre aux municipalités la valeur des grains dont il aura ordonné le
transport, avant le déplacement de ces
grains ; sauf à lui à se faire rembourser
soit sur les fonds des départemens de la
marine, ou de la guerre ou des colonies,
soit sur le produit des ventes. Il sera
par lui rendu compte au conseil exécutif provisoire, annuellement, de son
administration , dans les six premiers
mois qui suivront chaque année d'exer-
cice ; et ces comptes seront repré-
sentés lorsque la Convention ou les
législatures en feront la demande.

18. Le ministre des subsistances se fera
rendre compte , de trois mois en trois
mois, du bénéfice résultant de la vente
par détail dans les marchés, des grains
sortis des magasins pour être vendus
onze livres le quintal, au lieu de dix

livres, prix auquel ils auront été reçus ; et de ce bénéfice, la moitié sera destinée au paiement des salaires des employés aux magasins et autres dépenses de ces mêmes magasins ; l'autre moitié sera employée, sur les ordres du ministre, aux frais des transports : et en cas d'insuffisance, il pourvoira au paiement de ces différens objets, sur les fonds qui seront mis à sa disposition.

19. Les prix ci-dessus fixés, de dix livres, de onze livres et de douze livres pour le quintal de froment, par les articles 6, 7, et 8 du présent decret, ne pourront être changés que par un nouveau décret, et ce changement, s'il est ordonné, ne pourra avoir lieu que six mois après que le décret en aura été prononcé.

20. Toutes loix antérieurement rendues sur les grains et subsistances, demeurent abrogées, et cesseront d'être exécutées aussi-tôt après la publication du présent décret.

21. Chaque municipalité des lieux

où il y a un marché, le garnira le plu-
tôt possible d'une quantité suffisante de
balances propres à peser les grains,
telles qu'elles sont décrites à l'article
7 du présent décret, pour un quintal,
et en feront adapter, s'il est reconnu
nécessaire, pour les divisions du quintal, c'est-à-dire, pour cinquante et
pour vingt-cinq livres, poids de marc
de seize onze à la livre.

* * *

NOTE GÉNÉRALE.

Ou je me trompe, ou l'exécution du
projet ci-dessus apporteroit un prompt
remede au mal présent, et seroit un sûr
préservatif pour un pareil mal à venir.
Je ne vois aucune impossibilité à son
exécution.

Ce n'est pas détruire le commerce,
c'est au contraire le rectifier. Les avan-
tages du commerce étoient pour les
commerçans; ses inconvéniens, ou pour

mieux dire, les maux qu'engendroient les abus du commerce, pesoient sur la classe la plus pauvre de la nation : cela ne seroit plus à craindre, puisque le commerce intérieur seroit réduit au point de ne pouvoir être dangereux; puisque le commerce extérieur des grains, et leur exportation à l'étranger, seroient désormais interdits à tout particulier, et ne pourroient être exercés pour le compte de la nation, par le ministre des subsistances, *que lorsque* tout le territoire de la république se trouveroit approvisionné d'avance pour une année entière, et sans jamais rien diminuer de cet approvisionnement d'une année; *que lorsque* les magasins militaires et maritimes seroient remplis; *que lorsque* nos colonies seroient pourvues.

Le prix uniforme des grains opéreroit le plus grand bien; il n'y auroit plus lieu à ces spéculations ruineuses pour le peuple, qui, toujours certain de ne jamais manquer de subsistances, et de ne les payer qu'à un prix convenable, n'en seroit que plus tranquille et plus ami des loix. Le cultivateur se livreroit avec confiance à ses travaux, assuré d'en recevoir un prix suffisant; il ne seroit plus trompé dans ses spéculations; il pourroit calculer le prix auquel il devra porter ses baux. Les propriétaires des terres en connoîtroient toute la valeur, qui désormais seroit constante ; leur revenu seroit plus certain, l'impôt plus réguliérement assis, et mieux payé.

Chaque municipalité affligée de la disette, ne songe qu'à soi; ce projet annonce le moyen de pourvoir aux besoins de toutes, et de les prévenir. Ce régime une fois adopté et suivi, on verra dans le cours d'une année, nos magasins pour les marchés, nos magasins militaires et maritimes suffisamment approvisionnés, nos colonies pourvues ; et dans peu nous aurons des grains à vendre à l'étranger pour le compte de la nation.

Cette chance l'indemnisera des avances qu'elle aura pu faire pour des frais de transport ; avance légere et facile que ce projet lui impose, sans lui assigner d'autre indemnité que le produit éventuel, mais limité, du commerce intérieur, et le bénéfice que pourra lui procurer l'exportation ; bénéfice que l'étranger seul doit solder.

Je le demande, et qu'on me réponde de bonne foi, y a-t-il un commerçant qui ne cherche à gagner ?

Y a-t-il un commerçant qui, ayant gagné, ne cherche à gagner davantage ? Combien peu sont délicats sur les moyens !

N'est-ce pas toujours la classe la moins aisée, qui souffre le plus de la cherté des grains, qu'occasionne si souvent l'envie qu'ont les commerçans de faire ce qu'on appelle fortune ?

Convient-il à une république qu'il s'y fasse de grosses fortunes ?

Toute accumulation excessive de pouvoirs, d'autorités, de richesses, de talens même, n'est-elle pas dangereuse dans tout état, sur-tout dans une république ?

Posons donc des bornes que les commerçans n'osent franchir ; que leurs spéculations soient limitées, et ne puissent jamais compromettre le salut de l'état et la vie des citoyens.

Si le projet que je propose est adopté, j'ose promettre que tout le bien que le commerce ait jamais pû faire, s'opérera, et que bientôt tout ce qu'il peut faire de mal, ne pourra jamais s'opérer.

Nos départemens méridionaux étant toujours approvisionnés, et ne payant les grains qu'au même prix que les autres, seront tranquilles. La ville de Lyon, qui s'enorgueillit d'être la seconde cité de la république, car elle a pris ce titre, comme si, dans une république, il y avoit une ville première ou seconde ; la ville de Lyon, qui peut-être rivalise la ville que sans doute elle compte pour la premiere ; la ville de Lyon, soupçonnée d'avoir renfermé dans ses murs des traîtres qui vouloient la rendre ville capitale par l'effet d'une contre-révolution ; la ville de Lyon, dis-je, payant toujours les grains au même prix, et ne les payant qu'à un prix modéré, reconnoîtra la sagesse de ce nouveau régime, et ses officiers municipaux n'écriront plus aux administrateurs du département de la Côte-d'Or, que les Lyonnais viendront, à main armée, se faire livrer les grains achetés pour eux. Ce fait est incontestable ; et je conçois difficilement comment la municipalité de Lyon, à qui la république vient de prêter trois millions pour acheter des grains, à condition qu'elle ne les tireroit que de Marseille, a osé menacer de la sorte le département de la Côte-d'Or, et sonner, pour ainsi dire, le tocsin de la guerre civile. Je conçois bien mieux, que les capitalistes étrangers qui s'y

trouvent, s'affligeront peut-être de pré-
voir l'oisiveté prochaine d'une partie de
leurs fonds : ils crieront , et feront
crier qu'en gênant la liberté du commerce , on met la républiqne sur le pen-
chant de sa ruine ; méprisons ces vai-
nes clameurs , qui bientôt seront étouf-
fées par les cris de reconnoissances et
de bénédictions que porteront tous les
bons citoyens , désormais certains de
trouver par-tout et dans tous les temps ,
leur subsistance à un prix que le plus
pauvre pourra atteindre.

J'arrête ici mes réflexions , qui pourroient s'étendre encore et former un
volume.

Mes concitoyens , c'est maintenant à
vous que je m'adresse : il y a quelque
temps j'ai cru devoir vous offrir des
chansons ; il vous convenoit alors de
chanter votre liberté naissante , vos suc-
cès contre ses ennemis ; il me convenoit
à moi, de me remettre de temps en temps
des fatigues d'une méditation profonde ,

et de m'égayer. Vous savez que l'arc toujours tendu perd de son ressort, je voulois conserver le mien. Ce projet que je mets aujourd'hui sous vos yeux, dans l'espoir de rencontrer parmi vous quelqu'un qui pourra et voudra mieux faire, vous prouvera, je l'espere, qu'on peut être quelquefois chansonnier pour sa récréation, et penseur pour l'utilité publique ; et comme je présume qu'après l'avoir lu et médité (car certainement l'objet en vaut bien la peine), vous aurez besoin d'un peu de relâche, je vous invite à chanter (1) les couplets suivans, que je crois encore utile de répandre.

____

(1) Celui qui ne voit qu'une chanson dans une chanson de ce genre, connoît bien peu les hommes, et l'art de les instruire. Quelles obligations n'avons-nous pas à l'hymne des Marseillois ! son auteur, qui m'est inconnu, a les plus justes droits à ma reconnaissance ; il a bien mérité de la patrie.

COUPLETS

AJOUTÉS

A L'HYMNE DES MARSEILLOIS.

Sur la prise de Mons.

Nous rendons libre la Belgique :
Voyez nos freres à Gemmaps,
Soutenir, pour la République,
Le plus glorieux des combats.　　　(bis.)
Quel noble prix de leur victoire !
Vils esclaves ! sortez de Mons,
Reprenez vos clefs, Brabançons ;
Briser vos fers est notre gloire.
　　Aux armes, etc.

Sur notre entrée dans Liége.

Calotin mitré, qui dans Liége
Commis tous les crimes des Rois,
L'affreux remords dans ton cœur siége ;
Il venge déja les Liégeois.　　　(bis.)
Fuis dans les terres étrangeres,
Chargé du poids de tes horreurs ;

Dans Liége les Français vainqueurs
Entrent pour embrasser des freres.

    Aux armes , etc.

Invitation aux Hollandais.

    Quand vous cessâtes d'être esclaves ,
Quand vous avez brisé vos fers ,
Étoit-ce donc , Peuples Bataves ,
Pour ramper sous des Stathouders ?   (bis.)
Faites tomber le diadême
Qu'ont usurpé ces magistrats :
Levez-vous , bientôt nos soldats
Vous rendront le pouvoir suprême.

    Aux armes , etc.

Invitation aux Anglais.

Ressaisis , Peuple Britannique ,
La primitive liberté ;
Change ce système gothique ,
Par nos bons aïeux trop vanté :   (bis.)
Des circonstances opportunes
Profite : avec nous sois d'accord
Qu'un Roi , qu'un Prélat , qu'un Mylord ,
Ne sont rien devant les Communes.

    Aux armes , etc.

Dijon , le 25 décembre 1792 , l'an 1er. de
la république française. VAUDREY.